O LIVRO DAS IGNORÃÇAS

MANOEL DE BARROS
O LIVRO DAS IGNORÃÇAS

ALFAGUARA

Copyright © 1993, 2016 by herdeiros de Manoel de Barros

Grafia atualizada segundo o Acordo Ortográfico da Língua Portuguesa de 1990, que entrou em vigor no Brasil em 2009.

Organização das fotos e documentos
Martha Barros

Curadoria
Italo Moriconi

Capa, projeto gráfico e editoração eletrônica
Regina Ferraz

Imagem de capa
Martha Barros

Créditos das imagens
Todas as fotos e documentos reproduzidos no livro pertencem ao acervo pessoal do autor.

Auxiliar de pesquisa
Tania Freire

Textos de contracapa e orelha
Italo Moriconi

Revisão
Eduardo Rosal
André Marinho

Dados Internacionais de Catalogação na Publicação (CIP)
(Câmara Brasileira do Livro, SP, Brasil)

    Barros, Manoel de
       O livro das ignorãças / Manoel de Barros. – 1ª ed. –
    Rio de Janeiro : Alfaguara, 2016.

    ISBN 978-85-5652-004-3

      1. Poesia brasileira I. Título.

16-01054   CDD-869.1

Índice para catálogo sistemático:
1. Poesia : Literatura brasileira   869.1

8ª reimpressão

Todos os direitos desta edição reservados à
EDITORA SCHWARCZ S.A.
Praça Floriano, 19, sala 3001 — Cinelândia
20031-050 — Rio de Janeiro — RJ
Telefone: (21) 3993-7510
www.companhiadasletras.com.br
www.blogdacompanhia.com.br
facebook.com/editora.alfaguara
instagram.com/editora_alfaguara
twitter.com/alfaguara_br

O verbo virgem   7
Valter Hugo Mãe

O LIVRO DAS IGNORÃÇAS   11

1ª parte – Uma didática da invenção   13
2ª parte – Os deslimites da palavra   23
3ª parte – Mundo pequeno   49

Cronologia   81
Fotografias e documentos   89
Relação de obras   103
Bibliografia sobre Manoel de Barros   105
Índice de títulos e primeiros versos   117

O verbo virgem

Manoel de Barros sabe por candura e não por academia. A impressão que tenho é a de que ele mantém um estado de pureza como quem espera merecer o milagre. "Um humilde diante das coisas", como disse Antônio Houaiss. Milagre é coisa que acontece a gente que crê, a gente que espera, quero dizer, que tem esperança. Mas, Manoel de Barros sabe. Não se confunda o ímpeto para a virgindade do verbo com um qualquer tipo de ingenuidade. Ele é um feroz trabalhador da linguagem, analisando suas capacidades, suas oportunidades, para fazer surgir um modo de dizer, mais do que para representar as evidências. As evidências seriam os seus objetos mais submissos, e ele não lida com submissão. O que propõe foge largamente ao óbvio ou ao expectável, é mais da ordem de uma rebeldia, de uma revolução. O decalque do que existe nunca lhe interessaria. A realidade é insuficiente para um poeta. Confessaria ao cineasta Pedro Cezar: "Eu sou um poeta da palavra e ninguém quer entender isso. Eu invento o meu Pantanal". É, para mim, fundamental que partamos desta consciência, a de que o delicado universo nos livros do belíssimo senhor Barros é uma intimidade sua, mestre da revelação do que até então não existia e se vê capturado no vocábulo. Subitamente, a palavra nasce ou aumenta, para que signifique algo impensável ou que estivera vedado, secreto.

O que Manoel de Barros cata no Pantanal só poderia haver sido catado no Pantanal mas não estava no Pantanal. Estava na sua própria cabeça, o lugar infinitamente sapiente do que inventa. O lugar do genuíno Pantanal da poesia. Por isso, como diria, é dono do que escreve. Quem apenas alude ao que o circunda nunca se apodera de nada, pede emprestado.

O método de Manoel de Barros é o da observação sempre inicial. Cada coisa começa de novo com ele, numa aprendizagem contínua, inesgotável, que recusa as codificações prévias para se situar nessa experiência sempre semelhante à magia que é mais típica da infância. Nesse acontecimento tudo é celebração. Poucos poetas se podem comparar a Barros neste aspeto, porque quase poesia nenhuma atinge um tão elevado sentido de glorificação do prazer de falar, como se a criança aprendesse a falar só por deslumbre ou encanto, porque tudo deslumbra na sua voz. É claro, a criança regozija permanentemente. Esta poesia é o brinquedo mais incrível e, afinal, só com ela as coisas ganham importância. A poesia precisa de alcançar o "grau de brinquedo".

O perigo de se encerrar Manoel de Barros num catálogo de interesses ecológicos vem da sua despojada visão do homem. Ele não é especista. No seu texto bichos e gente, coisas e inexistências comungam. Todas as coisas se equivalem em valor para a poesia, a matéria-prima é a plena extensão do vocabulário existente e a inventar. Desta forma, é um elemento recorrente esse do resto aproveitado ou da coisa não sabida. Tudo quanto é enjeitado ou discreto, pequeno, mal-entendido ou não nascido, é precioso para a arte de intensificação de Barros. Todas as ignorâncias são valiosas para sua inteligência, porque ele dá sentido ao absurdo e usa o absurdo para verdade, exatamente como quem usa referências reconhecíveis para atingir ideias originais. De outro modo, tendo o Pantanal como uma quase contingência, o Pantanal do seu texto será único e igual apenas a si mesmo. Cada palavra entra como única nos seus versos e já só passível de ser igual a si mesma. As suas palavras adentram um idioma distinto ou idioma nenhum. São de outra liberdade.

Se é certo que entendemos sua linhagem dentro da dos grandes ouvidores de vozes populares, como foi também a desse genial João Guimarães Rosa, lembro sempre que Barros partilha com outro génio, Oswald de Andrade, a euforia pela língua "não catequizada", e é isso que o define. A disciplina não lhe interessa enquanto regra imposta, exterior. Apenas se disciplina por uma espécie de afeto íntimo, pessoal, pelas imagens da língua. A sua vontade é colher como fruto da natureza, e não como conquista de escola. A sua escola é esconder a escola. Ler Manoel de Barros cria muito essa sensação de que texto também vem de árvore e amadurece ao sol, delicado e generoso. O que Oswald tem de protesto e reivindicação, Barros vai ter de atração pela doce travessura e equilíbrio, como se inventasse para convencer todas as coisas da sua própria validade, ou de uma certa felicidade, porque o encanto tende a curar tudo. Mas ambos consumam uma brasilidade livre, endêmica, desimportada com o que não seja uma natureza intrínseca de se ser brasileiro. Não perdem a universalidade por isso, o que fazem é exigir a universalização de um determinado ponto de vista, o brasileiro.

No ano de 1999 telefonei a Manoel de Barros. Expliquei que era um jovem editor de uma pequena chancela de poesia e queria publicar, pela primeira vez em Portugal, um livro seu. A sua voz, estupefata, queria saber que estranheza dera à minha vida para querer fazer algo que as grandes casas editoriais não haviam feito até então. Expliquei-lhe que o amava muito, que me comovia, que o editaria como quem beija. Ele riu e disse que sim. Que certamente a sua editora brasileira precisaria de saber do contrato. A verdade foi que acabámos fazendo tudo numa conversa pessoal, meio amadores, os dois. Ele exigiu que a antologia juntasse apenas trinta poemas. Eu queria um volume imponente, como todos os versos. Ele insistiu: "poesia tem de ser pouca". Como se fosse mais prudente convidar o novo leitor português a entrar devagar. Escolhi vinte e nove poemas e ele ofereceu um inédito. Fizemos um livrinho chamado *O encantador de palavras*. Hoje, eu detesto a capa, detesto a cor da capa. Detesto a lombada tão magrinha, o texto ingénuo que escrevi nas orelhas. Só gosto do orgulho de haver estreado Manoel de Barros em Portugal. Para a seleção, ele enviou alguns livros que eu não tinha e umas raríssimas palavras escritas. Falámos ao telefone uma dúzia de vezes. Prometeu conceder-me uma entrevista para acompanhar a publicação do livro, mas, em cima da hora, recuou. Era imprestável para entrevistas. Só sabia falar sem compromisso. Não queria que os portugueses soubessem nada senão a poesia. Fiquei amorosamente furioso. Perguntou-me porque, afinal, eu gostava tanto dele. Respondi que ele punha passarinhos nos meus assuntos. Desligámos. Manoel de Barros entrou nas bibliotecas de muitos portugueses e, que eu tenha notícia, todos guardam por ele o mesmo afeto. Fico a pensar que se espalharam passarinhos pelos assuntos de toda a gente.

Valter Hugo Mãe

O LIVRO DAS IGNORÃÇAS

1ª parte
UMA DIDÁTICA DA INVENÇÃO

*As coisas que não existem
são mais bonitas.*
FELISDÔNIO

I

Para apalpar as intimidades do mundo é preciso saber:
a) Que o esplendor da manhã não se abre com faca
b) O modo como as violetas preparam o dia para morrer
c) Por que é que as borboletas de tarjas vermelhas têm devoção por túmulos
d) Se o homem que toca de tarde sua existência num fagote, tem salvação
e) Que um rio que flui entre dois jacintos carrega mais ternura que um rio que flui entre dois lagartos
f) Como pegar na voz de um peixe
g) Qual o lado da noite que umedece primeiro.
etc
etc
etc
Desaprender oito horas por dia ensina os princípios.

II

Desinventar objetos. O pente, por exemplo. Dar ao pente funções de não pentear. Até que ele fique à disposição de ser uma begônia. Ou uma gravanha.

Usar algumas palavras que ainda não tenham idioma.

III

Repetir repetir — até ficar diferente.
Repetir é um dom do estilo.

IV

No Tratado das Grandezas do Ínfimo estava escrito:
Poesia é quando a tarde está competente para dálias.
É quando
Ao lado de um pardal o dia dorme antes.
Quando o homem faz sua primeira lagartixa.
É quando um trevo assume a noite
E um sapo engole as auroras.

V

Formigas-carregadeiras entram em casa de bunda.

VI

As coisas que não têm nome são mais pronunciadas
por crianças.

VII

No descomeço era o verbo.
Só depois é que veio o delírio do verbo.
O delírio do verbo estava no começo, lá onde a
criança diz: *Eu escuto a cor dos passarinhos.*
A criança não sabe que o verbo escutar não funciona
para cor, mas para som.
Então se a criança muda a função de um verbo, ele
delira.
E pois.
Em poesia que é voz de poeta, que é a voz de fazer
nascimentos —
O verbo tem que pegar delírio.

VIII

Um girassol se apropriou de Deus: foi em Van Gogh.

IX

Para entrar em estado de árvore é preciso partir de
um torpor animal de lagarto às três horas da tarde, no
mês de agosto.
Em dois anos a inércia e o mato vão crescer em
nossa boca.
Sofreremos alguma decomposição lírica até o mato
sair na voz.

Hoje eu desenho o cheiro das árvores.

X

Não tem altura o silêncio das pedras.

XI

Adoecer de nós a Natureza:
— Botar aflição nas pedras
(Como fez Rodin).

XII

Pegar no espaço contiguidades verbais é o mesmo
que pegar mosca no hospício para dar banho nelas.
Essa é uma prática sem dor.
É como estar amanhecido a pássaros.

Qualquer defeito vegetal de um pássaro pode
modificar os seus gorjeios.

XIII

As coisas não querem mais ser vistas por pessoas
razoáveis:
Elas desejam ser olhadas de azul —
Que nem uma criança que você olha de ave.

XIV

Poesia é voar fora da asa.

XV

Aos blocos semânticos dar equilíbrio. Onde o
abstrato entre, amarre com arame. Ao lado de um
primal deixe um termo erudito. Aplique na aridez
intumescências. Encoste um cago ao sublime. E no
solene um pênis sujo.

XVI

Entra um chamejamento de luxúria em mim:
Ela há de se deitar sobre meu corpo em toda a
espessura de sua boca!
Agora estou varado de entremências.
(Sou pervertido pelas castidades? Santificado pelas
imundícias?)

Há certas frases que se iluminam pelo opaco.

XVII

Em casa de caramujo até o sol encarde.

XVIII

As coisas da terra lhe davam gala.
Se batesse um azul no horizonte seu olho entoasse.
Todos lhe ensinavam para inútil
Aves faziam bosta nos seus cabelos.

XIX

O rio que fazia uma volta atrás de nossa casa era a
imagem de um vidro mole que fazia uma volta atrás
de casa.
Passou um homem depois e disse: Essa volta que o
rio faz por trás de sua casa se chama enseada.
Não era mais a imagem de uma cobra de vidro que
fazia uma volta atrás de casa.
Era uma enseada.
Acho que o nome empobreceu a imagem.

XX

Lembro um menino repetindo as tardes naquele
quintal.

XXI

Ocupo muito de mim com o meu desconhecer.
Sou um sujeito letrado em dicionários.
Não tenho que 100 palavras.
Pelo menos uma vez por dia me vou no Morais ou
no Viterbo —
A fim de consertar a minha ignorãça,
     mas só acrescenta.
Despesas para minha erudição tiro nos almanaques:
— Ser ou não ser, eis a questão.
Ou na porta dos cemitérios:
— Lembra que és pó e que ao pó tu voltarás.
Ou no verso das folhinhas:
— Conhece-te a ti mesmo.
Ou na boca do povinho:
— Coisa que não acaba no mundo é gente besta
e pau seco.
Etc
Etc
Etc
Maior que o infinito é a encomenda.

          . . .

2ª parte
OS DESLIMITES DA PALAVRA

EXPLICAÇÃO DESNECESSÁRIA

Na enchente de 22, a maior de todas as enchentes do Pantanal, canoeiro Apuleio vogou três dias e três noites por cima das águas, sem comer sem dormir — e teve um delírio frásico. A estórea aconteceu que um dia, remexendo papéis na Biblioteca do Centro de Criadores da Nhecolândia, em Corumbá, dei com um pequeno Caderno de Armazém, onde se anotavam compras fiadas de arroz feijão fumo etc. Nas últimas folhas do caderno achei frases soltas, cerca de 200. Levei o manuscrito para casa. Lendo as frases com vagar imaginei que o desolo a fraqueza e o medo talvez tenham provocado, no canoeiro, uma ruptura com a normalidade. Passei anos penteando e desarrumando as frases. Desarrumei o melhor que pude. O resultado ficou esse. Desconfio que, nesse caderno, o canoeiro voou fora da asa.

DIA UM

1.1

Ontem choveu no futuro.
Águas molharam meus pejos
Meus apetrechos de dormir
Meu vasilhame de comer.
Vogo no alto da enchente à imagem de uma rolha.
Minha canoa é leve como um selo.
Estas águas não têm lado de lá.
Daqui só enxergo a fronteira do céu.
(Um urubu fez precisão em mim?)
Estou anivelado com a copa das árvores.
Pacus comem frutas de carandá nos cachos.

1.2

Eu hei de nome Apuleio.
Esse cujo eu ganhei por sacramento.
Os nomes já vêm com unha?
Meu vulgo é Seo Adejunto — de dantes
cabo adjunto por servimentos em quartéis.
Não tenho proporções para apuleios.
Meu asno não é de ouro.
Ninguém que tenha natureza de pessoa pode
esconder as suas natências.
Não fui fabricado de pé.
Sou o passado obscuro destas águas?

1.3

Eu vim pra cá sem coleira, meu amo.
Do meu destino eu mesmo desidero.
Não uso alumínio na cara.
Quando cheguei neste lugar —
Só batelão e boi de sela trafegavam.
Aqui só dava maxixo e capivara.
Mosquito usava pua de ¾.
Falo sem desagero.
Desculpe a delicadeza.
Meu olho tem aguamentos.
(Fui urinado pelas ovelhas do Senhor?)

1.4

Insetos cegam meu sol.
Há um azul em abuso de beleza.
Lagarto curimpãpã se agarrou no meu remo.
Os bichos tremem na popa.
Aqui até cobra eremisa, usa touca, urina na fralda.
Na frente do perigo bugio bebe gemada.
Periquitos conversam baixo.
....
Sou puxado por ventos e palavras.
(Palestrar com formigas é lindeiro de insânia?)

1.5

Eu sei das iluminações do ovo.
Não tremulam por mim os estandartes.
Não organizo rutilâncias
Nem venho de nobrementes.
Maior que o infinito é o incolor.
Eu sou meu estandarte pessoal.
Preciso do desperdício das palavras para conter-me.
O meu vazio é cheio de inerências.
Sou muito comum com pedras.
....
(O que está longe de mim é preclaro ou escuro?)

1.6

Tenho o ombro a convite das garças.
....
....
(Tirei as tripas de uma palavra?)
....
A chuva atravessou um pato pelo meio.
....
Eu tenho faculdade pra dementes?
....
A chuva deformou a cor das horas.
....
A placidez já põe a mão nas águas.

1.7

Do que não sei o nome eu guardo as semelhanças.
Não assento aparelhos para escuta
E nem levanto ventos com alavanca.
(Minha boca me derrama?)
Desculpem-me a falta de ignorãças.
Não uso de brasonar.
Meu ser se abre como um lábio para moscas.
Não tenho competências pra morrer.
O alheamento do luar na água é maior do que o meu.
O céu tem mais inseto do que eu?

SEGUNDO DIA

2.1

Não oblitero moscas com palavras.
Uma espécie de canto me ocasiona.
Respeito as oralidades.
Eu escrevo o rumor das palavras.
Não sou sandeu de gramáticas.
Só sei o nada aumentado.
Eu sou culpado de mim.
Vou nunca mais ter nascido em agosto.
No chão de minha voz tem um outono.
Sobre meu rosto vem dormir a noite.

2.2

Lugar sem comportamento é o coração.
Ando em vias de ser compartilhado.
Ajeito as nuvens no olho.
A luz das horas me desproporciona.
Sou qualquer coisa judiada de ventos.
Meu fanal é um poente com andorinhas.
Desenvolvo meu ser até encostar na pedra.
Repousa uma garoa sobre a noite.
Aceito no meu fado o escurecer.
No fim da treva uma coruja entrava.

2.3

Escuto a cor dos peixes.
Essa vegetação de ventos me inclementa.
(Propendo para estúrdio?)
O escuro enfraquece meu olho.
Ó solidão, opulência da alma!
No ermo o silêncio encorpa-se.
A noite me diminui.
Agora biguás prediletam bagres.
Confesso meus bestamentos.
Tenho vanglória de niquices.
....
(Dou necedade às palavras?)

2.4

Um besouro se agita no sangue do poente.
Estou irresponsável de meu rumo.
Me parece que a hora está mais cega.
Um fim de mar colore os horizontes.
Cheiroso som de asas vem do sul.
Eis varado de abril um martim-pescador!
(Sou pessoa aprovada para nadas?)
Quero apalpar meu ego até gozar em mim.
Ó açucenas arregaçadas.
Estou só e socó.

2.5

Ando muito completo de vazios.
Meu órgão de morrer me predomina.
Estou sem eternidades.
Não posso mais saber quando amanheço ontem.
Está rengo de mim o amanhecer.
Ouço o tamanho oblíquo de uma folha.
Atrás do ocaso fervem os insetos.
Enfiei o que pude dentro de um grilo o meu destino.
Essas coisas me mudam para cisco.
A minha independência tem algemas.

2.6

As sujidades deram cor em mim.
Estou deitado em compostura de águas.
Na posição de múmia me acomodo.
Não uso morrimentos de teatro.
Minha luta não é por frontispícios.
O desenho do céu me indetermina.
O viço de um jacinto me engalana.
O fim do dia aumenta meu desolo.
Às vezes passo por desfolhamentos.
Vou desmorrer de pedra como um frade.

2.7

O ocaso me ampliou para formiga.
Aqui no ermo estrela bota ovo.
Melhoro com meu olho o formato de um peixe.
Uma ave me aprende para inútil.
A luz de um vaga-lume se reslumbra.
Quero apalpar o som das violetas.
Ajeito os ombros para entardecer.
Vou encher de intumências meu deserto.
Sou melhor preparado para osga.
O infinito do escuro me perena.

TERCEIRO DIA

3.1

Passa um galho de pau movido a borboletas:
Com elas celebro meu órgão de ver.
Inclino a fala para uma oração.
Tem um cheiro de malva esta manhã.
Hão de nascer tomilhos em meus sinos.
(Existe um tom de mim no anteceder?)
Não tenho mecanismos para santo.
Palavra que eu uso me inclui nela.
Este horizonte usa um tom de paz.
Aqui a aranha não denigre o orvalho.

3.2

Espremida de garças vai a tarde.
O dia está celeste de garrinchas.
A cor de uma esperança me garrincha.
Engastado em meu verbo está seu ninho.
O ninho está febril de epifanias.
(Com a minha fala desnaturo os pássaros?)
Um tordo atrasa o amanhecer em mim.
Quero haver a umidez de uma fala de rã.
Quero enxergar as coisas sem feitio.
Minha voz inaugura os sussurros.

3.3

Este ermo não tem nem cachorro de noite.
É tudo tão repleto de nadeiras.
Só escuto as paisagens há mil anos.
Chegam aromas de amanhã em mim.
Só penso coisas com efeitos de antes.
Nas minhas memórias enterradas
        Vão achar muitas conchas ressoando...
Seria o areal de um mar extinto
        Este lugar onde se encostam cágados?
Deste lado de mim parou o limo
E de outro lado uma andorinha benta.
Eu sou beato nesse passarinho.

3.4

O azul me descortina para o dia.
Durmo na beira da cor.
Vejo um ovo de anu atrás do outono.
....
(Eu tenho amanhecimentos precoces?)
....
Cresce destroço em minhas aparências.
Nesse destroço finco uma açucena.
(É um cágado que empurra estas distâncias?)
A chuva se engalana em arco-íris.
Não sei mais calcular a cor das horas.
As coisas me ampliaram para menos.

3.5

A lua faz silêncio para os pássaros,
              — eu escuto esse escândalo!
Um perfume vermelho me pensou.
(Eu contamino a luz do anoitecer?)
Esses vazios me restritam mais.
Alguns pedaços de mim já são desterro.
....
(É a sensatez que aumenta os absurdos?)
De noite bebo água de merenda.
Me mantimento de ventos.
Descomo sem opulências...
Desculpe a delicadeza.

3.6

Nuvens me cruzam de arribação.
Tenho uma dor de concha extraviada.
Uma dor de pedaços que não voltam.
Eu sou muitas pessoas destroçadas.
....
....
Diviso ao longe um ombro de barranco.
E encolhidos na areia uns jaburus.
Chego mais perto e estremeço de espírito.
Enxergo a Aldeia dos Guanás.
Imbico numa lata enferrujada.
        Um sabiá me aleluia.

FIM

3ª parte
MUNDO PEQUENO

*Aromas de tomilhos
dementam cigarras.*
SOMBRA-BOA

I

O mundo meu é pequeno, Senhor.
Tem um rio e um pouco de árvores.
Nossa casa foi feita de costas para o rio.
Formigas recortam roseiras da avó.
Nos fundos do quintal há um menino e suas latas
    maravilhosas.
Seu olho exagera o azul.
Todas as coisas deste lugar já estão comprometidas
    com aves.
Aqui, se o horizonte enrubesce um pouco, os
    besouros pensam que estão no incêndio.
Quando o rio está começando um peixe,
                      Ele me coisa
Ele me rã
Ele me árvore.
De tarde um velho tocará sua flauta para inverter os
    ocasos.

II

Conheço de palma os dementes de rio.
Fui amigo do Bugre Felisdônio, de Ignácio Rayzama
    e de Rogaciano.
Todos catavam pregos na beira do rio para enfiar no
    horizonte.
Um dia encontrei Felisdônio comendo papel nas
    ruas de Corumbá.
Me disse que as coisas que não existem são mais
    bonitas.

III

Retrato de um poste mal afincado ele era.
Sendo um vaqueiro entrementes; peão de campo.
No jeito comprido de estar em pé seu corpo fazia
 três curvas no ar.
Usava um defeito de ave no lábio.
Desde o vilarejo em que nasceu podia alcançar o
 cheiro das árvores.
Esse Malafincado:
Sempre nos pareceu feito de restos.
Ventos o amontoavam como folhas.
Foi sempre convidado a fazer parte de arrebóis.
(Sintomático de tordos era o seu amanhecer.)
Falava em via de hinos —
Mas eram coisas desnobres como intestinos de
 moscas que se mexiam por dentro de suas
 palavras.
Gostava de desnomear:
Para falar barranco dizia: lugar onde avestruz
 esbarra.
Rede era vasilha de dormir.
Traços de letras que um dia encontrou nas pedras de
 uma gruta, chamou: desenhos de uma voz.
Penso que fosse um escorço de poeta.

IV

Caçador, nos barrancos, de rãs entardecidas,
Sombra-Boa entardece. Caminha sobre estratos de
um mar extinto. Caminha sobre as conchas dos
caracoes da terra. Certa vez encontrou uma voz sem
boca. Era uma voz pequena e azul. Não tinha boca
mesmo. "Sonora voz de uma concha", ele disse.
Sombra-Boa ainda ouve nestes lugares
conversamentos de gaivotas. E passam navios
caranguejeiros por ele, carregados de lodo.
Sombra-Boa tem hora que entra em pura
decomposição lírica: "Aromas de tomilhos
dementam cigarras". Conversava em Guató, em
       Português, e em Pássaro.
Me disse em língua-pássaro: "Anhumas premunem
mulheres grávidas, três dias antes do inturgescer".
Sombra-Boa ainda fala de suas descobertas:
"Borboletas de franjas amarelas são fascinadas por
dejectos". Foi sempre um ente abençoado a garças.
Nascera engrandecido de nadezas.

V

Esses lagartos curimpãpãs têm índole tropical.
Tornam-se no mês de agosto amortecidos e idiotas
Ao ponto que se deixam passar por cima como
 pedras.
Ao ponto que se deixam atravessar por caminhões.
Aparecem de sempre esses lagartos encostados em
 muros decadentes —
Onde se criam devassos.
Bem assim por exemplo:
Formiga puxou um pedaço de rio para ela e tomou
 banho em cima.
Lagarto curimpãpã assistiu o banho com luxúria no
 olho encapado.
Depois se escondeu debaixo de um tronco.
(Tem um tipo de árvores que dão pros lagartos.)
Alguns atravessam invernos que os pássaros morrem.
Borboletas translúcidas quedam estancadas no
 tronco das árvores —
Se enxergam por perto os curimpãpãs.
Mas todos sabemos que esses lagartos curimpãpãs
 são pouco favorecidos de horizontes.
Enxergam tão pequeno que às vezes pensam que a
 gente é árvore e nem se mexem.
Nos barrancos há riscos de suas manguaras.
E se estão em aflição de espírito — combustam!
(Essas notícias foram colhidas por volta de 1944,
 entre os índios chiquitanos, na Bolívia.)
Águas estavam iniciando rãs.

VI

De primeiro as coisas só davam aspecto
Não davam ideias.
A língua era incorporante.
Mulheres não tinham caminho de criança sair
Era só concha.*
Depois é que fizeram o vaso da mulher com uma
      abertura de cinco centímetros mais ou menos.
(E conforme o uso aumentava.)
Ao vaso da mulher passou-se mais tarde a chamar
      com lítera elegância de urna consolata.
Esse nome não tinha nenhuma ciência brivante
Só que se pôs a provocar incêndio a dois.
Vindo ao vulgar mais tarde àquele vaso se deu o
      nome de cona
Que, afinal das contas, não passava de concha mesmo.

---

* Era só concha: está nas Lendas em Nheengatu e Português, na *Revista do Instituto Histórico Geográfico Brasileiro*, v. 154.

VII

Descobri aos 13 anos que o que me dava prazer nas
    leituras não era a beleza das frases, mas a doença
    delas.
Comuniquei ao Padre Ezequiel, um meu Preceptor,
    esse gosto esquisito.
Eu pensava que fosse um sujeito escaleno.
— Gostar de fazer defeitos na frase é muito saudável,
    o Padre me disse.
Ele fez um limpamento em meus receios.
O Padre falou ainda: Manoel, isso não é doença,
    pode muito que você carregue para o resto da
    vida um certo gosto por nadas...
E se riu.
Você não é de bugre? — ele continuou.
Que sim, eu respondi.
Veja que bugre só pega por desvios, não anda em
    estradas —
Pois é nos desvios que encontra as melhores
    surpresas e os ariticuns maduros.
Há que apenas saber errar bem o seu idioma.
Esse Padre Ezequiel foi o meu primeiro professor de
    agramática.

VIII

Toda vez que encontro uma parede
        ela me entrega às suas lesmas.
Não sei se isso é uma repetição de mim ou das
    lesmas.
Não sei se isso é uma repetição das paredes ou de
    mim.
Estarei incluído nas lesmas ou nas paredes?
Parece que lesma só é uma divulgação de mim.
Penso que dentro de minha casca
    não tem um bicho:
Tem um silêncio feroz.
Estico a timidez da minha lesma até gozar na pedra.

IX

Tudo o que se há de dizer aqui sobre capivaras, nem as mentiras podem ser comprovadas. Se esfregam nas árvores de tarde antes do amor. Se amam sem ocupar beijos. Excitadas se femeiam por baixo dos balseiros. E ali se aleluiam. O cisco das raízes aquáticas e a bosta dos passarinhos se acumulam no lombo das capivaras. Dali se desprende ao meio-dia forte calor de ordumes larvais. No lombo se criam mosquitos monarcas, daqueles de exposição, que furam até vidros e abaixam pratos de balança. É vezo de dizer-se então que capivara é um bicho insetoso. Porquanto favorecem a estima dos pássaros, sobretudo dos bentevis que lhes almoçam larvas ao lombo. Coisa que todo mundo gosta, tirante as capivaras, é de flor. Pelo que já não entendo, existem razões particulares ou individuais que expliquem tal desgosto das capivaras por flor? Todas guardam água no olho.

X

Andaleço era o navio Etrúria. Se achava.
Ele tinha incumbências para água.
Crescera que nem craca nos cascos dos navios.
Se houvesse de escolher entre uma coisa e outra
    ficasse deitado sobre nenhuma.
A doce independência de não escolher!
(Se a palavra é a posse da coisa nomeada, o Etrúria
    era ele mesmo, o Andaleço.)
À noite caçava seu de-comer nas grotas.
O que jantava eram bundas de gafanhoto com mel.
Estóreas de Andaleço fascinavam os meninos.
O irmão-preto falou: Etrúria deve ser um lugar sem
    melancia!

XI

O mundo não foi feito em alfabeto. Senão que primeiro em água e luz. Depois árvore. Depois lagartixas. Apareceu um homem na beira do rio. Apareceu uma ave na beira do rio. Apareceu a concha. E o mar estava na concha. A pedra foi descoberta por um índio. O índio fez fósforo da pedra e inventou o fogo pra gente fazer boia. Um menino escutava o verme de uma planta, que era pardo. Sonhava-se muito com pererecas e com mulheres. As moscas davam flor em março. Depois encontramos com a alma da chuva que vinha do lado da Bolívia — e demos no pé.
(Rogaciano era índio guató e me contou essa cosmologia.)

XII

Bernardo é quase árvore.
Silêncio dele é tão alto que os passarinhos ouvem
    de longe.
E vêm pousar em seu ombro.
Seu olho renova as tardes.
Guarda num velho baú seus instrumentos de trabalho:
    1 abridor de amanhecer
    1 prego que farfalha
    1 encolhedor de rios — e
    1 esticador de horizontes.
(Bernardo consegue esticar o horizonte usando três
    fios de teias de aranha. A coisa fica bem
    esticada.)
Bernardo desregula a natureza:
Seu olho aumenta o poente.
(Pode um homem enriquecer a natureza com a sua
    incompletude?)

XIII

Estou atravessando um período de árvore.
O chão tem gula de meu olho por motivo que meu
    olho tem escórias de árvore.
O chão deseja meu olho vazado pra fazer parte do
    cisco que se acumula debaixo das árvores.
O chão tem gula de meu olho por motivo que meu
    olho possui um coisário de nadeiras.
O chão tem gula de meu olho pelo mesmo motivo
    que ele tem gula por pregos por latas por folhas.
A gula do chão vai comer o meu olho.
No meu morrer tem uma dor de árvore.

XIV

De 1940 a 1946 vivi em lugares decadentes onde o
    mato e a fome tomavam conta das casas, dos seus
    loucos, de suas crianças e de seus bêbados.
Ali me anonimei de árvore.
Me arrastei por beiradas de muros cariados desde
    Puerto Suarez, Chiquitos, Oruros e Santa Cruz
    de La Sierra, na Bolívia.
Depois em Barranco, Tango Maria (onde conheci o
    poeta Cesar Vallejo), Orellana e Mocomonco
    — no Peru.
Achava que a partir de ser inseto o homem poderia
    entender melhor a metafísica.
Eu precisava de ficar pregado nas coisas vegetalmente
    e achar o que não procurava.
Naqueles relentos de pedra e lagartos, gostava de
    conversar com idiotas de estrada e maluquinhos
    de mosca.
Caminhei sobre grotas e lajes de urubus.
Vi outonos mantidos por cigarras.
Vi lamas fascinando borboletas.
E aquelas permanências nos relentos faziam-me
    alcançar os deslimites do Ser.
Meu verbo adquiriu espessura de gosma.
Fui adotado em lodo.
Já se viam vestígios de mim nos lagartos.
Todas as minhas palavras já estavam consagradas de
    pedras.
Dobravam-se lírios para os meus tropos.
Penso que essa viagem me socorreu a pássaros.

Não era mais a denúncia das palavras que me
 importava mas a parte selvagem delas, os seus
 refolhos, as suas entraduras.
Foi então que comecei a lecionar andorinhas.

AUTORRETRATO FALADO

Venho de um Cuiabá garimpo e de ruelas entortadas.
Meu pai teve uma venda de bananas no Beco da
    Marinha, onde nasci.
Me criei no Pantanal de Corumbá, entre bichos do
    chão, pessoas humildes, aves, árvores e rios.
Aprecio viver em lugares decadentes por gosto de
    estar entre pedras e lagartos.
Fazer o desprezível ser prezado é coisa que me apraz.
Já publiquei 10 livros de poesia; ao publicá-los me
    sinto como que desonrado e fujo para o
    Pantanal onde sou abençoado a garças.
Me procurei a vida inteira e não me achei — pelo
    que fui salvo.
Descobri que todos os caminhos levam à ignorância.
Não fui para a sarjeta porque herdei uma fazenda de
    gado. Os bois me recriam.
Agora eu sou tão ocaso!
Estou na categoria de sofrer do moral, porque só
    faço coisas inúteis.
No meu morrer tem uma dor de árvore.

Cronologia

1916 Nasce Manoel Wenceslau Leite de Barros, em 19 de dezembro, no Beco da Marinha, em Cuiabá (MT), segundo filho de João Wenceslau Leite de Barros e Alice Pompeo Leite de Barros. Após dois meses, a família fixa residência em Corumbá e depois numa fazenda na Nhecolândia, no Pantanal mato-grossense.

1922 Começa a ser alfabetizado pela tia, Rosa Pompeo de Campos.

1925-1928 Completa os estudos primários em um internato em Campo Grande.

1928-1934 Muda-se para o Rio de Janeiro para fazer os estudos ginasiais e secundários em regime de internato no Colégio São José, dos maristas. Lê os clássicos das literaturas portuguesa e francesa, e descobre sua paixão e vocação para a poesia nos *Sermões* do padre Antônio Vieira.

1929 Nasce Abílio Leite de Barros, em Corumbá, o último dos cinco irmãos de Manoel. Antes dele, Antonio Pompeo Leite de Barros, nascido em 1915; Ana Maria Leite de Barros, em 1919; Neuza Leite de Barros, em 1920; e Eudes Leite de Barros, em 1926.

1934 É aprovado para o curso de direito. Influenciado por Camões, escreve cerca de cento e cinquenta sonetos. Entra em contato com a obra de autores modernistas como Raul Bopp, Mário de Andrade, Carlos Drummond de Andrade e Manuel Bandeira.

1935 Filia-se ao Partido Comunista, do qual se desliga em 1945, após a aliança de Luís Carlos Prestes com o poder. Participa de atividades clandestinas na Juventude Comunista e tem o manuscrito de seu primeiro livro, *Nossa Senhora da Minha Escuridão*, apreendido pela polícia de Getúlio Vargas.

1937 Publica seu primeiro livro de poesia, *Poemas concebidos sem pecado*, em edição artesanal, com o apoio de Henrique Vale, no Rio de Janeiro.

1940-1941 Vai para o Mato Grosso, onde recusa a direção de um cartório oferecida pelo pai. Retorna ao Rio de Janeiro e passa a atuar como advogado junto ao Sindicato dos Pescadores.

1942 Publica *Face imóvel*.

1943-1945 Viaja a Nova York, onde frequenta cursos de cinema e pintura no MoMA. Conhece *Poeta en Nueva York*, de García Lorca, e a obra de poetas e escritores de língua inglesa como T.S. Eliot, Ezra Pound e Stephen Spender. Viaja pela América do Sul (Bolívia e Peru) e pela Europa (Roma, Paris, Lisboa).

1947 Casa-se com Stella dos Santos Cruz, com quem teve três filhos: Pedro Costa Cruz Leite de Barros, em 1948; Martha Costa Cruz Leite de Barros, em 1951; e João Wenceslau Leite de Barros, em 1955.

1949 Falece seu pai, João Wenceslau Leite de Barros.

1956 Publica *Poesias*.

1958 Herda fazenda no Pantanal mato-grossense. A conselho da esposa, decide retornar com a família para o Mato Grosso para administrar a propriedade e desenvolver a atividade de pecuarista.

1961 Publica *Compêndio para uso dos pássaros*, com desenhos de João, seu filho, então com cinco anos, na capa e na contracapa.

O livro conquista o Prêmio Orlando Dantas, do *Diário de Notícias*, Rio de Janeiro.

1969 Publica *Gramática expositiva do chão*.

O livro conquista o Prêmio Nacional de Poesia em Brasília e o Prêmio da Fundação Cultural do Distrito Federal.

1974 Publica *Matéria de poesia*.

Passa a ser lido e comentado por escritores como Millôr Fernandes, Fausto Wolff, Antônio Houaiss, João Antônio e Ismael Cardim.

1982 Publica *Arranjos para assobio*, com capa de Millôr Fernandes.

É premiado pela Associação Paulista de Críticos de Arte (APCA).

1984 Falece sua mãe, Alice Pompeo Leite de Barros.

1985 Publica *Livro de pré-coisas*.

1989 Publica *O guardador de águas*.

1990 Publica *Gramática expositiva do chão (poesia quase toda)*. A edição tem prefácio de Berta Waldman, ilustrações de Poty e inclui todos os livros de poesia de Manoel publicados até o momento.

Recebe diversos prêmios: Prêmio Jabuti na categoria Poesia, por *O guardador de águas*; Grande Prêmio APCA de Literatura; e Prêmio Jacaré de Prata, da Secretaria de Cultura do Mato Grosso do Sul, como melhor escritor do ano.

1991 Publica *Concerto a céu aberto para solos de ave*, com capa e vinhetas de Siron Franco.

1993 Publica *O livro das ignorãças* em duas edições: uma edição comercial e outra de trezentos exemplares, numerados e assinados pelo autor, para a Sociedade dos Bibliófilos do Brasil.

1996 Publica *Livro sobre nada*, com capa e ilustrações de Wega Nery.

A Sociedade dos Bibliófilos do Brasil, sob curadoria e apresentação de José Mindlin, publica a antologia *O encantador de palavras*, com ilustrações de Siron Franco.

A revista alemã *Alkzent* publica *Das Buch der Unwissenheiten*, tradução de Kurt Meyer-Clason de *O livro das ignorãças*.

Recebe o Prêmio Alphonsus de Guimaraens, da Biblioteca Nacional, por *O livro das ignorãças*.

1997 Recebe o Prêmio Nestlé de Literatura, por *Livro sobre nada*.

1998 Publica *Retrato do artista quando coisa*, com capa e ilustrações de Millôr Fernandes.

Recebe o Prêmio Nacional de Literatura, do Ministério da Cultura, pelo conjunto da obra.

1999 Publica o livro infantil *Exercícios de ser criança*, ilustrado com bordados de Antônia Zulma Diniz, Ângela, Marilu, Martha e Sávia Dumont sobre desenhos de Demóstenes Vargas.

2000 Publica *Ensaios fotográficos*.

É lançada em Portugal a antologia *O encantador de palavras*.

Recebe diversos prêmios: Prêmio Cecília Meireles, do Ministério da Cultura, pelo conjunto da obra; Prêmio Pen Clube do Brasil de melhor livro de poesia; Prêmio ABL de Literatura Infantil e Prêmio

Odylo Costa Filho, da Fundação Nacional do Livro Infantil e Juvenil (FNLIJ), por *Exercícios de ser criança*.

2001 Publica *Tratado geral das grandezas do ínfimo*.

Publica o livro infantil *O fazedor de amanhecer*, com ilustrações de Ziraldo.

2002 Recebe o Prêmio Jabuti na categoria Livro do Ano Ficção, por *O fazedor de amanhecer*.

É lançada em Málaga, Espanha, a edição bilíngue *Todo lo que no invento es falso (Antología)*, com tradução e prefácio de Jorge Larrosa.

2003 Publica *Memórias inventadas: A infância* e o livro infantil *Cantigas por um passarinho à toa*, com ilustrações de Martha Barros.

Publica na França *La parole sans limites (une didactique de l'invention)*, tradução de Celso Libânio de *O livro das ignorãças*, com ilustrações de Cícero Dias e capa de Martha Barros.

2004 Publica *Poemas rupestres*.

Recebe o Prêmio Odylo Costa Filho, da FNLIJ, por *Cantigas por um passarinho à toa*.

2005 É publicado na Espanha, em catalão, o livro *Riba del dessemblat: Antologia poètica*, com tradução e prólogo de Albert Roig.

Recebe o Prêmio APCA de Literatura na categoria Poesia, por *Poemas rupestres*.

2006 Publica *Memórias inventadas: A segunda infância*, com ilustrações de Martha Barros.

Recebe o Prêmio Nestlé de Literatura, por *Poemas rupestres*.

2007 Publica o livro infantil *Poeminha em Língua de brincar*, com ilustrações de Martha Barros.

É publicado em Portugal *Compêndio para uso dos pássaros – Poesia reunida, 1937-2004*.

Morre seu filho, João Wenceslau Leite de Barros.

2008 Publica *Memórias inventadas: A terceira infância*, com ilustrações de Martha Barros.

Este livro conquista o Prêmio APCA de Literatura na categoria Memória.

2009 Recebe o Prémio Sophia de Mello Breyner Andresen, atribuído pela Câmara Municipal de São João da Madeira e pela Associação Portuguesa de Escritores (APE), por *Compêndio para uso dos pássaros – Poesia reunida, 1937-2004*.

2010 Publica *Menino do mato*.

Publica *Poesia completa* no Brasil e em Portugal.

Recebe o Prêmio Bravo! Bradesco Prime de Cultura como melhor artista do ano.

2011 Publica *Escritos em verbal de ave*.

2012 Recebe o Prémio de Literatura Casa da América Latina/Banif 2012 de Criação Literária, Lisboa, por *Poesia completa* e o Prêmio ABL de Poesia, por *Escritos em verbal de ave*.

2013 Publica seu último poema, "A turma".

Morre seu filho Pedro Costa Cruz Leite de Barros.

2014 Falece em 13 de novembro, em Campo Grande (MS).

No dia da sua formatura em direito (1939).

Stella e Manoel caminhando no centro do Rio de Janeiro (c. anos 1940).

Com o filho Pedro, na fazenda (c. 1950).

Em sua casa de Campo Grande.

Manoel de Barros em 1997 (© Vânia Toledo).

Auto-Retrato Falado

Venho de um Cuiabá garimpo e de ruelas entortadas.
Meu pai teve uma venda de bananas no Beco da Marinha, onde nasci.
Fui criado no Pantanal de Corumbá entre bichos do chão, pessoas humildes, aves, rios e árvores.
Aprecio viver em lugares decadentes por gosto de estar entre pedras e lagartos.
Fazer o desprezível ser prezado é coisa que me apraz.
Já publiquei 10 livros de poesia, me sinto meio desonrado ao publicá-los e fujo para o Pantanal onde sou abençoado de garças.
Me procurei a vida inteira e não me achei, pelo que fui salvo.
Descobri que todos os caminhos levam à ignorância.
Não fui para a sarjeta porque herdei uma fazenda de gado. Os bois me recriam:
Agora eu sou tão ocaso!
Estou na categoria de sofrer do moral, porque só faço coisas inúteis.
No meu morrer tem uma dor de árvore.

Manoel de Barros

Manuscrito de "Autorretrato falado".

S. Paulo, 13-XI-93

Meu caro Manoel:
Chegamos afinal ao termo da jornada da edição que eu tinha querido fazer, de um texto seu. Diana e eu, e todos aqui de casa, ficamos muito felizes, porque a parceria foi muito gostosa. E o texto, então!

A origem do erro continua sendo misteriosa, provavelmente na esfera freudiana, mas acabou enriquecendo a edição, do ponto de vista da bibliofilia, e da crítica literária do século XXI. Seria bom até você fazer mais algumas mudanças (porque "cor" foi mudança, e não correção, reparou?). Nosso João Borges pediu-me (e Pedro também) um artigo sobre a edição, pois estou indo a Paris na próxima 4ª feira, e não poderei ter contato com a imprensa. Vou tentar escrever um textosinho nesses feriados.

Mas este bilhete vai principalmente para dizer que estamos contentes por vocês estarem contentes. Um abraço para Stella e você, de Guita e do Mindlin.

Carta de José Mindlin a Manoel de Barros, de 13 de setembro de 1993, comentando a conclusão da primeira edição de *O livro das ignorãças*.

Meu imenso Manoel de Barros,

O seu O livro das Ignorãças (n° 073 da tiragem de 300 exemplares, por um editor bissexto paulista, o José Mindlin, está óbvio) foi-me um presente régio.

Você, como poeta, sempre me angustiou: eu me perguntei sempre, a cada livro seu, como iria ser a sua superação própria ou o seu declínio. Vejo, com felicidade fraterníssima, que você é como poucos criadores de pensamentos e emoções, entre nós e entre quem quer que seja — vem sendo não apenas um poeta maior, senão que um singular criador de linguagens, de estilo, de humor, de ironia, mas, sobretudo isso, de ética e dignidade. Meu caro Poeta, o convívio com sua poesia, que renova sempre, me tem sido fonte de esperança e de alegria e beleza de viver. Que prossiga, meu amigo,

Vai o coração grato de seu [ilegível] sempre
Antônio Houaiss

Rio, 2 de dezembro de 1993 — feliz Ano-Novo!

Carta de Antônio Houaiss para Manoel comentando
a primeira edição de *O livro das ignorãças*.

Bilhete de Millôr Fernandes para Manoel sobre
O livro das ignorãças, 18 de novembro 1993
(by Ivan Rubino Fernandes).

Esplêndido Manoel,
é o seu melhor livro.
Pode ser?
Millôr

Texto de José Mindlin publicado em *O Globo* de 23 de novembro de 1993, ilustrando a matéria "A natureza num amor ignorante", de João Borges, em que comenta a primeira edição, limitada e produzida por ele próprio, Mindlin, de *O livro das ignorãças*.

Alterações íntimas entre mundo e corpo
José Mindlin

A edição limitada do Livro das ignorãças, *que ficará sendo a primeira edição, tem uma história curiosa, não só na sua origem, como na sua realização.*

Antes de mais nada, no entanto, tenho que confessar que só fiquei conhecendo a obra de Manoel de Barros através da entrevista que a Bric-a-Brac publicou em 1990. Reconheço que a falha cultural era grave, mas em compensação, o entusiasmo que a leitura provocou foi grande. E afinal, a gente vive aprendendo, o que faz parte dos encantos da vida. Só não sei é se o título deste último livro é um belo achado poético, ou uma alusão à minha "ignorãça"... Tive de enfiar a carapuça, mesmo que o Manoel não tivesse pensado nisso, pois costumo exercer autocrítica. A história é a seguinte:

No ano passado, Manoel e Stella nos visitaram, e foi aí que eu disse que gostaria de fazer uma edição especial do próximo livro dele. Uma edição caprichada, como tinha feito com "A visita", do Drummond, mas sem pretensão de arte, e muito menos de edição de um livro de luxo. Manoel parece que gostou da ideia, e prometeu mandar-me o texto, mas mais ou menos na base do "se e quando". Em todo o caso, formou-se um projeto. O texto ainda levou uns meses para chegar, e, quando chegou, minha filha Diana — programadora visual — se mobilizou, pois o texto era a certeza que agora se pode ver impressa. Houve uma porção de ideias, e quando chegamos a algumas soluções possíveis, perguntei ao Manoel se ele queria acompanhar a edição, ou se preferia a surpresa de ver o livro pronto, mesmo com o risco de não gostar. Minha preocupação era que ele ficasse contente, e para isso seria melhor que o próprio Manoel acompanhasse o processo, mas ele preferiu a segunda alternativa, o que aumentou muito nossa responsabilidade — minha de editor, e de Diana como artista gráfica (no caso do Drummond, ele acompanhou pessoalmente todos os passos, o que, aliás, resultou na grande amizade que nos uniu. No caso do Manoel, essa amizade surgiu desde logo).

Quando tínhamos examinado várias possibilidades, de diagramação, formato, papel, tipos (ilustração nós dois achávamos que o texto, por seu impacto, não só tornava dispensável, como até perturbadora), viajei para o exterior, e o projeto ficou por conta de Diana, que descobriu e percorreu novos caminhos. Quando voltei, o livro já estava na gráfica, e minha curiosidade ficou sendo igual à do Manoel.

Finalmente ficou pronto, a batelada foi para Campo Grande, para que Manoel numerasse e assinasse os exemplares, e, num quadro de pouca objetividade, o livro parece que agradou. Houve aplauso, entusiasmo, alegria. Eis senão quando, Manoel quase teve um ataque: logo na primeira linha da primeira poesia da primeira parte, tinha havido troca de uma palavra, alterando o sentido. Onde Manoel escreveu "Para apalpar as intimidades do mundo" saiu publicado — "Para apalpar as intimidades do corpo". Um telefonema aflito me informou do acontecido. Achei impossível, mas indo conferir no original, vi que de fato "mundo" tinha virado "corpo". Procurando examinar friamente a situação (sempre digo que cabeça fria quando não há problema não é vantagem), vi que o texto tinha de ser corrigido, mas como o livro estava pronto, não dava para substituir a página. E não adiantava procurar saber como se deu o acidente. Minha interpretação, ao retornar o telefonema de Manoel, foi de um lapso freudiano. "Apalpar intimidades" facilmente sugere "corpo", disse eu ao Manoel, e o digitador(a) facilmente caiu na armadilha, que a poesia de Manoel de Barros, malandra como é, facilitou. Nessa altura, o bom humor voltou, e sugeri ao Manoel que corrigisse o erro a mão, e aproveitasse para fazer qualquer emenda, pois isso somente viria enriquecer a edição, sob o prisma da bibliografia. Ele concordou, e emendou a quarta linha da sétima poesia (sempre da primeira parte), substituindo "voz" por "cor", dessa vez alterando o original.

E assim foi feita esta primeira edição do Livro das ignorãças *— em que a poesia de Manoel de Barros atinge o nível do esplendor.*

Relação de obras

Poemas concebidos sem pecado [1937]
Face imóvel [1942]
Poesias [1956]
Compêndio para uso dos pássaros [1960]
Gramática expositiva do chão [1966]
Matéria de poesia [1970]
Arranjos para assobio [1982]
Livro de pré-coisas [1985]
O guardador de águas [1989]
Concerto a céu aberto para solos de ave [1991]
O livro das ignorãças [1993]
Livro sobre nada [1996]
Retrato do artista quando coisa [1998]
Ensaios fotográficos [2000]
Tratado geral das grandezas do ínfimo [2001]
Poemas rupestres [2004]
Menino do mato [2010]
Escritos em verbal de ave [2011]

MEMÓRIAS INVENTADAS
Infância [2003]
A segunda infância [2006]
A terceira infância [2008]

LIVROS INFANTIS
Exercícios de ser criança [1999]
O fazedor de amanhecer [2001]
Cantigas por um passarinho à toa [2003]
Poeminha em Língua de brincar [2007]

Bibliografia

Livros, entrevistas e artigos

ACCIOLY, Ana. "Manoel de Barros, o poeta". *Manchete*, Rio de Janeiro, 1988, p. 116.

———. "Manoel de Barros, a palavra redescoberta". *Revista Goodyear*, São Paulo, abr. 1989, pp. 48-53.

AMÂNCIO, Moacir. "O caso literário do exímio poeta Manoel de Barros". *O Estado de S. Paulo*, São Paulo, 28 abr. 1989.

ANDRADE, Jeferson de. "O homem que é um dialeto". *Estado de Minas*, Belo Horizonte, 5 fev. 1998, p. 5.

ARRUDA, Heraldo Povoas. "A metapoesia de Manoel de Barros". *Letras & Artes*, jun. 1990, p. 6.

ASSUNÇÃO, Paulinho. "As pré-coisas de Manoel de Barros". *Estado de Minas*, Belo Horizonte, 23 jan. 1986.

BARBOSA, Frederico. "Poeta elabora a gramática das coisas inúteis". *Folha de S.Paulo*, São Paulo, 1 dez. 1990, p. F-7.

BARBOSA, Luiz Henrique. *Palavras do chão: Um olhar sobre a linguagem adâmica em Manoel de Barros*. São Paulo: Annablume, 2003.

BATISTA, Orlando Antunes. *Lodo e ludo em Manoel de Barros*. Rio de Janeiro: Presença, 1989.

BIRAM, Tagore. "O desconcertador de linguagem". *Zero Hora*, Porto Alegre, 3 set. 1994, pp. 8-9.

BORGES, João. "Gramática remota da pureza perdida", *O Globo*, Segundo Caderno, Rio de Janeiro, 28 jul. 1993.

———. "A natureza num amor de ignorante", *O Globo*, Rio de Janeiro, 23 nov. 1993.

BRUNACCI, Maria Izabel. "A crítica da modernidade na poética de Manoel de Barros e José Paulo Paes". *Estudos de Literatura Contemporânea*, Brasília, n. 19, mai./jun. 2002, pp. 43-58.

CAMPOS, Cristina. *Manoel de Barros: O demiurgo das terras encharcadas – Educação pela vivência do chão*. Cuiabá: Tanta Tinta, 2010.

CAMPOS, Luciene Lemos de; RAUER. "Camalotes, Sarobás e poemas sem pecado: o intertexto das figuras populares na obra de Manoel de Barros". In: COSTA, Edgar A. da; SILVA, Giane; OLIVEIRA Marco Aurélio (Orgs.). *Despertar para a fronteira*. Campo Grande: UFMD, 2009. v. 1.

CANÇADO, José Maria. "O escárnio e a ternura". *Leia*, São Paulo, n. 104, jun. 1987.

CARDIM, Ismael. "Um poeta em Mato Grosso". *Folha da Tarde*, Corumbá, 18 set. 1974, p. 3.

CASTELLO, José. "Manoel de Barros busca sentido da vida". *O Estado de S. Paulo*, Caderno 2, São Paulo, 3 ago. 1996.

―――. "Manoel de Barros faz do absurdo sensatez". *O Estado de S. Paulo*, Caderno 2, São Paulo, 18 out. 1997. Disponível em: <www.jornaldepoesia.jor.br/castel11.html>.

―――. "Manoel de Barros: Retrato perdido no pântano". In: ―――. *Inventário das sombras*. Rio de Janeiro: Record, 1999.

―――. "Manoel de Barros fotografa a poesia do invisível". *O Estado de S. Paulo*, São Paulo, Caderno 2, 27 maio 2000.

―――. "Manoel entre pássaros". *O Globo*, Prosa & Verso, Rio de Janeiro, 31 dez. 2011.

―――. "Poesia atônita". *O Globo*, Rio de Janeiro, 18 jan. 2014, p. 5.

CASTELLO BRANCO, Lúcia. *Manoel de Barros – Caderno I*. Belo Horizonte: Editora UFMG, 2009. v. 1. Coleção AmorÍmpar.

―――. "E tem espessura de amor: Variações sobre o silêncio branco em Manoel de Barros". *Revista Grumo*, Buenos Aires/Rio de Janeiro, v. 2, 2003.

―――. "A poesia febril de Manoel de Barros". *O Tempo*, Belo Horizonte, 17 ago. 1997, p. 8.

――― (Org.). *Sete olhares sobre os escritos de Barros e Pessoa*. Belo Horizonte: UFMG, 1995.

―――. "Palavra em estado de larva: A matéria poética de Manoel de Barros". *Suplemento Literário Minas Gerais*, Belo Horizonte, n. 907, 18 fev. 1984.

CASTRO, Afonso de. *A poética de Manoel de Barros: A linguagem e a volta à infância*. Campo Grande: Editora UCDB, 1991.

CONCEIÇÃO, Mara. *Manoel de Barros, Murilo Mendes e Francis Ponge. Nomeação e pensatividade poética*. São Paulo: Paco Editorial, 2011.

COUTO, José Geraldo. "Manoel de Barros busca na ignorância a fonte da poesia". *Folha de S.Paulo*, Caderno Mais, São Paulo, 14 nov. 1993, pp. 8-9.

CRETTON, Maria da Graça. "O regional e o literário em Manoel de Barros". In: CRISTÓVÃO, Fernando Alves et al. *Nacionalismo e regionalismo nas literaturas lusófonas*. Rio de Janeiro: Edições Cosmos, 1997.

DAVID, Nismária Alves. "A poesia de Manoel de Barros e o mito de origem". *Terra Roxa e Outras Terras – Revista de Estudos Literários*, Londrina, UEL, n. 5, 2005, pp. 17-32.

DALATE, Sergio. "Manoel de Barros: Uma poética do estranhamento ou o encantador de palavras". *Polifonia*, Cuiabá, EDUFMT, n. 3, 1997, pp. 1-13.

FENSKE, Elfi Kürten (pesquisa, sel. e org.). "Manoel de Barros: A natureza é sua fonte de inspiração, o pantanal é a sua poesia". *Templo Cultural Delfos*, fev. 2011. Disponível em: <www.elfikurten.com.br/2011/02/manoel-de-barros-natureza-e-sua-fonte.html>.

FREITAS, Guilherme. "O poeta que queria ser árvore". *O Globo*, Segundo Caderno, Rio de Janeiro, 13 abr. 2010.

GRÜNEWALD, José Lino. "Poeta com máscara de filósofo popular". *O Globo*, Prosa & Verso, Rio de Janeiro, 21 set. 1996.

JANSEN, Roberta. "Manoel de Barros salva palavras da mesmice". *O Estado de S. Paulo*, Caderno 2, São Paulo, 15 maio 1995.

LOBATO, Eliane. "Poeta de pés no chão". *O Globo*, Segundo Caderno, Rio de Janeiro, 14 jun. 1980, p. 8.

MACHADO, Madalena; MAQUÊA, Vera da Rocha (Orgs.). *Dos labirintos e das águas: Entre Barros e Dickes*. Cáceres, MT: Unemat, 2009.

MAQUÊA, Vera da Rocha; PINHEIRO, Hérica A. Jorge da Cunha. "O chão da palavra poética de Manoel de Barros e Ondjaki". In: MALUF-SOUZA, Olimpia.; SILVA, Valdir.; ALMEIDA, Eliana de.; BISINOTO, Leila S. J. (Orgs.). *Redes discursivas: A língua(gem) na pós--graduação*. Campinas, SP: Editora Pontes, 2012. v. 2.

MARINHO, Marcelo et al. *Manoel de Barros: O brejo e o solfejo*. Brasília: Ministério da Integração Nacional: Universidade Católica Dom Bosco, 2002, pp. 15-27. (Coleção Centro-Oeste de Estudos e Pesquisas, 5).

MAUAD, Isabel Cristina. "Poeta busca estética do ordinário". *O Globo*, Rio de Janeiro, 29 dez. 1991, p. 5.

MEDEIROS, Sérgio. "Os vários duplos de Manoel de Barros". *O Estado de S. Paulo*, São Paulo, 14 dez. 1996.

MENEZES, Edna. *Quatro expoentes da literatura sul-mato-grossense: Visconde de Taunay, Lobivar Mattos, Manoel de Barros, Raquel Naveira*. Campo Grande: Athenas, 2003. v. 1.

——. "Manoel de Barros: O poeta universal de Mato Grosso do Sul". *Jornal de Poesia*. Disponível em: <www.jornaldepoesia.jor.br/ednamenezes1>.

——. "A autorreflexão em 'estado de palavra' na poética de Manoel de Barros". *Jornal de Poesia*. Disponível em: <www.jornaldepoesia.jor.br/ednamenezes2.html>.

MILLEN, Mànya. "Um poeta em plena infância". *O Globo*, Prosa & Verso, Rio de Janeiro, 7 nov. 1998.

MÜLLER, Adalberto. *Encontros: Manoel de Barros*. Rio de Janeiro: Azougue, 2010.

NAME, Daniela. "Um inventor de palavras". *O Globo*, Segundo Caderno, Rio de Janeiro, 2 mar. 1996.

NOGUEIRA, Rui. "O poeta andarilho do Pantanal". *Correio Braziliense*, Brasília, 5 jul. 1987.

NOLASCO, Paulo. "Guimarães Rosa e Manoel de Barros: Um guia para o sertão". In: ——. *O outdoor invisível: Crítica reunida*. Campo Grande: Editora UFMS, 2006.

OLIVEIRA, Elizabete. *A educação ambiental e Manoel de Barros – diálogos poéticos*. Rio de Janeiro: Paulinas, 2012.

PINTO, Manoel da Costa. "Livros revelam regularidade de estilo de Manoel de Barros". *Folha de S.Paulo*, São Paulo, 17 abr. 2010.

PIZA, Daniel. "Manoel de Barros, o poeta que veio do chão". *O Estado de S. Paulo*, São Paulo, 13 mar. 2010.

PERES, Wesley Godoi: CAMARGO, G. F. O. "Considerações acerca no sujeito e da alteridade na poesia de Manoel de Barros". In: FERREIRA, Renata Wirthmann (Org.). *Arte e subjetividade: Diálogos com a psicanálise*. Brasília: Universa, 2010.

RAMOS, Isaac Newton Almeida. "A modernidade em Manoel de Barros e Alberto Caeiro". In: LEITE, Mário Cezar Silva. (Org.). *Mapas da mina: Estudos de literatura em Mato Grosso*. Cuiabá: Cathedral Publicações, 2005. v. 1.

——. "A didática da invenção do poeta Manoel de Barros". In: SILVA, Agnaldo da. (Org.). *Diálogos literários: Literatura, comparativismo e ensino*. São Paulo: Ateliê Editorial, 2008.

RICCIARDI, Giovanni. "Manoel de Barros". In: ——. (Org.). *Autorretratos*. São Paulo: Martins Fontes, 1991.

RODRIGUES, Karine. "De cartas abertas". *O Globo*, Rio de Janeiro, 1 fev. 2014, pp. 2-3.

ROSSONI, Igor. *Fotogramas do imaginário: Manoel de Barros*. Salvador: Vento Leste, 2007.

RUSSEF, Ivan. et al. *Ensaios farpados: Arte e cultura no Pantanal e no Cerrado*. Campo Grande: UCDB, 2003.

SANTOS, Rosana Cristina Zanelatto (Org.). *Nas trilhas de Barros*. Campo Grande: UFMS, 2009.

SILVA, Célia Sebastiana. "Manoel de Barros: sem margens com as palavras". *Fragmentos de Cultura*, Goiânia, v. 19, n. 7/8, pp. 541-550, jul./ago. 2009.

———. "Manoel de Barros: lírica, invenção e consciência criadora". *Revista Leituras*, PUC-RS, Disponível em: <www4.pucsp.br/revistafronteiraz/numeros_anteriores/n5/download/pdf/mbarros.pdf>.

SILVA, Fernanda Martins da. "Olhares sobre o moderno e a modernidade na obra de Manoel de Barros: Crítica e recepção". *Fênix – Revista de História e Estudos Culturais*, Uberlândia, UFU, v. 12, ano XII, n. 1, jan./jun. 2015.

SOUZA, Elton Luiz Leite de. *Manoel de Barros: A poética do deslimite*. Rio de Janeiro: 7Letras, 2010.

SOUZA, Maria Aparecida Ferreira de Melo. "As interfaces espirituais na obra de Manoel de Barros". In: FERRAZ, Salma (Org.). *No princípio era Deus e ele se fez poesia*. Rio Branco: EDUFAC, 2008.

SPITZ, Eva. "O poeta que poucos conhecem". *Jornal do Brasil*, Caderno B, Rio de Janeiro, 8 dez. 1988.

WALDMAN, Berta. "A poesia de Manoel de Barros: uma gramática expositiva do chão". *Jornal do Brasil*, Rio de Janeiro, 27 maio 1989.

———. "Poesia ao rés do chão". In: BARROS, Manoel de. *Gramática expositiva do chão: Poesia quase toda*. Rio de Janeiro: Civilização Brasileira, 1990.

Produção acadêmica

ALBUQUERQUE, Érika Bandeira de. *Manoel e Martha Barros: A pedagogia do olhar*. Recife: Universidade Federal de Pernambuco, 2015. Dissertação (Mestrado em Letras).

ALMEIDA, Adris de. *As raias da memória e da imaginação em Manoel de Barros*. Florianópolis: Universidade Federal de Santa Catarina, 2012. Dissertação (Mestrado em Literatura).

ALMEIDA, Marinei. *Entre voos, pântanos e ilhas: Um estudo comparado entre Manoel de Barros e Eduardo White*. São Paulo: Universidade de São Paulo, 2008. Tese (Doutorado em Letras).

AQUINO, Marcela Ferreira Medina de. *Faces do poeta pop: O caso Manoel de Barros na poesia brasileira contemporânea*. Rio de Janeiro: Pontifícia Universidade Católica do Rio de Janeiro, 2010. Tese (Doutorado em Letras).

AZEVEDO, Lucy Ferreira. *Paixões e identidade cultural em Manoel de Barros: O poema como argumento*. São Paulo: Pontifícia Universidade Católica de São Paulo, 2006. Tese (Doutorado em Letras).

BARRA, Cynthia de Cássia Santos. *É invío e ardente o que o sabiá não diz: Uma leitura de Manoel de Barros*. Belo Horizonte: Universidade Federal de Minas Gerais, 2000. Dissertação (Mestrado em Estudos Literários).

BARROS, Nismária Alves David. *O lugar do leitor na poesia de Manoel de Barros*. Goiânia: Universidade Federal de Goiás, 2010. Tese (Doutorado em Letras).

BASEIO, Maria Auxiliadora Fontana. *Entre a magia da voz e a artesania da letra: O sagrado em Manoel de Barros e Mia Couto*. São Paulo: Faculdade de Filosofia, Letras e Ciências Humanas, Universidade de São Paulo, 2007. Tese (Doutorado em Estudos Comparados de Literaturas de Língua Portuguesa).

BÉDA, Walquíria Gonçalves. *O inventário bibliográfico sobre Manoel de Barros ou "Me encontrei no azul de sua tarde"*. Assis: Faculdade de Ciências e Letras, Universidade Estadual Paulista, 2002. 2 v. Dissertação (Mestrado em Teoria da Literatura e Literatura Comparada).

———. *A construção poética de si mesmo: Manoel de Barros e a autobiografia*. Assis: Faculdade de Ciências e Letras, Universidade Estadual Paulista, 2007. Tese (Doutorado em Letras).

BELLEZA, Eduardo de Oliveira. *Desacostumar os olhos: Experimentando em vídeos/espaços/poesias*. Campinas: Universidade Estadual de Campinas, 2014. Dissertação (Mestrado em Educação).

CAMARGO, Goiandira de Fátima Ortiz de. *A poética do fragmentário: Uma leitura da poesia de Manoel de Barros*. Rio de Janeiro: Faculdade de Letras, Universidade Federal do Rio de Janeiro, 1997. Tese (Doutorado em Ciência da Literatura).

CAMPOS, Luciene Lemos de. *A mendiga e o andarilho: A recriação poética de figuras populares nas fronteiras de Manoel de Barros*. Campo Grande: Universidade Federal de Mato Grosso do Sul, 2010. Dissertação (Mestrado em Letras).

CARLAN, Carina. *Princípios criativos concebidos a partir das noções de pré-coisas e da atividade de transver de Manoel de Barros*. Porto Alegre: Universidade Federal do Rio Grande do Sul, 2014. Dissertação (Mestrado em Design).

CRUZ, Wânessa Cristina Vieira. *Iluminuras: Imaginação criadora na obra de Manoel de Barros*. Belo Horizonte: Universidade Federal de Minas Gerais, 2009. Dissertação (Mestrado em Estudos Literários).

CUNHA, Yanna K. H. Gontijo. *O andarilho Bernardo, de Manoel de Barros*. Rio Grande: Universidade Federal do Rio Grande, 2015. Dissertação (Mestrado em Literatura).

FARINA, Giane. *O que pode um nome? Diálogos sobre a infância com Manoel de Barros*. Porto Alegre: Universidade Federal do Rio Grande do Sul, 2015. Dissertação (Mestrado em Educação).

FERNANDES, Janice de Azevedo. *Iminências poéticas: Manoel de Barros e Arthur Bispo do Rosário. Por uma poética da recomposição de inutilidades e do acriançamento*. Goiânia: Pontifícia Universidade Católica de Goiás, 2015. Dissertação (Mestrado em Letras).

FIOROTTI, Devair Antônio. *A palavra encena: Uma busca de entendimento da linguagem poética a partir de Manoel de Barros*. 2006. Brasília: Instituto de Letras, Universidade de Brasília, 2006. Tese (Doutorado em Teoria Literária).

FONTES, Marcelo Barbosa. *Territórios da escrita em Manoel de Barros: Por uma poética da escuta*. Belo Horizonte: Pontifícia Universidade Católica de Minas Gerais, 2008. Dissertação (Mestrado em Letras).

GALHARTE, Julio A. Xavier. *Despalavras de efeito: Os silêncios na obra de Manoel de Barros*. São Paulo: Faculdade de Filosofia, Letras e Ciências Humanas, Universidade de São Paulo, 2007. Tese (Doutorado em Teoria Literária e Literatura Comparada).

GARCIA, Mirian T. Ribeiro. *Exercícios de ser humano: A poesia e a infância na obra de Manoel de Barros*. Brasília: Universidade de Brasília, 2006. Dissertação (Mestrado em Literatura).

GIL, Andreia de Fátima Monteiro. *Poesia e Pantanal: O olhar mosaicado de Manoel de Barros*. São Paulo: Pontifícia Universidade Católica de São Paulo, 2011. Dissertação (Mestrado em Literatura e Crítica Literária).

GONÇALVES, Marta Aparecida Garcia. *A política da literatura e suas faces na palavra muda de Manoel de Barros*. Natal: Universidade Federal do Rio Grande do Norte, 2011. Tese (Doutorado em Linguística Aplicada e Literatura Comparada).

GRÁCIA-RODRIGUES, Kelcilene. *A poética de Manoel de Barros: Um jeito de olhar o mundo*. Assis: Faculdade de Ciências e Letras de Assis, Unesp, 1998. Dissertação (Mestrado em Letras).

———. *De corixos e de veredas: A alegada similitude entre as poéticas de Manoel de Barros e de Guimarães Rosa*. Araraquara: Faculdades de Ciências e Letras de Araraquara, Unesp, 2006. Tese (Doutorado em Estudos Literários).

LINHARES, Andrea R. Fernandes. *Memórias inventadas: Figurações do sujeito na escrita autobiográfica de Manoel de Barros*. Porto Alegre: Universidade Federal do Rio Grande do Sul, 2006. Dissertação (Mestrado em História da Literatura).

MACEDO, Ricardo M. *Memórias inventadas: Espaços de significação da solidão e imaginário*. Tangará da Serra: Universidade do Estado de Mato Grosso, 2011. Dissertação (Mestrado em Estudos Literários).

MAEKAWA, Maria Ester Godoy Pereira. *A transversalidade literária de Manoel de Barros na pedagogia da educação ambiental no Pantanal*. Cuiabá: Universidade Federal de Mato Grosso, 2005. Dissertação (Mestrado em Educação).

MARTINS, Waleska Rodrigues de Matos Oliveira. *Um voar fora da asa: O pós-modernismo e a poética de Manoel de Barros*. Campo Grande: Universidade Federal de Mato Grosso do Sul, 2010. Dissertação (Mestrado em Estudos de Linguagens).

———. *As figurações da morte e da memória na poética de Manoel de Barros*. Araraquara: Faculdade de Ciências e Letras, Unesp, 2015. Tese (Doutorado em Estudos Literários).

MONCINHATTO, Maria Adriana Silva. *A palavra como processo reflexivo: A poesia da invencionice de Manoel de Barros*. São Paulo: Pontifícia Universidade Católica de São Paulo, 2009. Dissertação (Mestrado em Letras).

MORAES, Paulo Eduardo B. de. *Manoel de Barros: Poeta antropófago*. Campo Grande: Universidade Federal de Mato Grosso do Sul, 2014. Dissertação (Mestrado em Estudos de Linguagem).

MORGADO, Paulo. *Manoel de Barros: Confluência entre poesia e crônica*. São Paulo: Pontifícia Universidade Católica de São Paulo, 2007. Dissertação (Mestrado em Comunicação e Semiótica).

OLIVEIRA, Mara Conceição Vieira de. *Nomeação e pensatividade poética em Manoel de Barros, Murilo Mendes e Francis Ponge*. Niterói: Faculdade de Letras, Universidade Federal Fluminense, 2006. Tese (Doutorado em Literatura Comparada).

OLIVEIRA, Maria Elizabete Nascimento de. *Educação ambiental e Manoel De Barros: Diálogos poéticos*. Cuiabá: Universidade Federal de Mato Grosso, 2010. Dissertação (Mestrado em Educação).

PEREGRINO, Giselly. *A educação pela infância em Manoel de Barros*. Rio de Janeiro: Pontifícia Universidade Católica do Rio de Janeiro, 2010. Dissertação (Mestrado em Letras).

PERES, Wesley Godoi. *Formações do inconsciente e formações poéticas manoelinas: Uma leitura psicanalítica acerca da subjetividade e da alteridade na obra de Manoel de Barros*. Goiânia: Universidade Federal de Goiás, 2007. Dissertação (Mestrado em Letras e Linguística).

PINHEIRO, Carlos Eduardo Brefore. *Manoel de Barros e a poética do nada*. São Paulo: Universidade Estadual Paulista Júlio de Mesquita Filho, 2002. Dissertação (Mestrado em Teoria da Literatura).

———. *Entre o ínfimo e o grandioso, entre o passado e o presente: O jogo dialético da poética de Manoel de Barros*. São Paulo: Universidade de São Paulo, 2011. Tese (Doutorado em Letras).

PINHEIRO, Hérica A. Jorge da Cunha. *Os deslimites da poesia: Diálogos interculturais entre Manoel de Barros e Ondjaki*. Tangará da Serrá: Universidade do Estado de Mato Grosso, 2012. Dissertação (Mestrado em Estudos Literários).

PRIOSTE, José Carlos Pinheiro. *A unidade dual: Manoel de Barros e a poesia*. Rio de Janeiro: Universidade Federal do Rio de Janeiro, 2006. Tese (Doutorado em Letras).

REINER, Nery N. Biancala. *A poética de Manoel de Barros e a relação homem-vegetal*. São Paulo: Universidade de São Paulo, 2010. Tese (Doutorado em Letras).

RIBEIRO, Johniere Alves. *Manoel Monteiro: Visibilidade de uma poética*. Campina Grande: Universidade Estadual da Paraíba, 2009. Dissertação (Mestrado em Literatura e Interculturalidade).

RODRIGUES, Aline P. de Melo. *Desver o mundo: Da palavra poética de Manoel de Barros ao gesto de leitura*. Juiz de Fora: Universidade Federal de Juiz de Fora, 2012. Dissertação (Mestrado em Letras).

SILVA, Wellington Brandão da. *Inclinações da metapoesia de Manoel de Barros*. Brasília: Universidade de Brasília, 2011. Dissertação (Mestrado em Literatura).

SOUSA, José Ricardo Guimarães de. *Sobre restos e trapos: A disfunção na poesia de Manoel de Barros*. Belo Horizonte: Universidade Federal de Minas Gerais, 2013. Tese (Doutorado em Teoria da Literatura).

VASCONCELOS. Vânia Maria. *'A poética in-verso' de Manoel de Barros: Metalinguagem e paradoxos representados numa "disfunção lírica"*. São Paulo: Pontifícia Universidade Católica de São Paulo, 2002. Tese (Doutorado em Comunicação e Semiótica).

VIEIRA, Tania Regina. *Manoel de Barros: Horizontes pantaneiros em terras estrangeiras*. Goiânia: Universidade Federal de Goiás, 2007. Tese (Doutorado em Letras e Linguística).

Produção audiovisual

Caramujo-flor, direção de Joel Pizzini | curta-metragem, 1988
Com Ney Matogrosso e participações de Rubens Correa, Tetê Espíndola, Aracy Balabanian e Almir Sater, entre outros. Prêmios de Melhor Filme no Festival de Huelva (Espanha); Melhor Direção e Melhor Fotografia no 22º Festival de Brasília; menção honrosa no Festival de Curitiba de 1989 e Melhor Montagem no Rio Cine 1989. Produção de Polo Cinematográfica. Disponível em: <www2.uol.com.br/neymatogrosso/videos/filme02.html>.

Deslimites da palavra, direção de Zé Luiz Rinaldi | ópera e solo, 2000
Com Ricardo Blat, Raul Serrador e Lucila Tragtemberg, baseado em poema homônimo de *O livro das ignorãças*.

Manoel de Barros, v. 8 da coleção Poesia Falada | CD, 2001
Lançado pelo selo Luz da Cidade, com narração de Pedro Paulo Rangel e Manoel de Barros.

Inutilezas, direção de Moacir Chaves | peça teatral, 2002
Texto de Manoel de Barros e roteiro de Bianca Ramoneda. No elenco, Bianca Ramoneda e Gabriel Braga Nunes, e o músico Pepê Barcellos. Participações de Pedro Luís, que compôs a trilha, e Hermeto Pascoal, com depoimento gravado em vídeo.

Língua de brincar, direção de Gabriel Sanna e Lúcia Castello Branco | documentário, 2007
Depoimentos de Manoel de Barros, Stella Barros, Júlia Branco, João Rocha, Rafael Fares, Maria Bethânia, Ondjaki e Mia Couto. Direção de fotografia e montagem de Gabriel Sanna, roteiro de Lúcia Castello Branco. Disponível em: <www.contioutra.com/lingua-de-brincar-manoel-de-barros-documentario/>.

Paixão pela palavra, direção e roteiro de Claudio Savaget e Enilton Rodrigues | série para televisão de cinco programas, 2007/2008
Produzido pela Nonsense Produções para o Canal Futura com narração de Cássia Kiss e José Hamilton Ribeiro e depoimentos de Luís Melodia, Beatriz Segall, Siron Franco, Lúcia Castello Branco, Claufe Rodrigues, Abílio de Barros e José Mindlin.

Wenceslau e a árvore do gramofone, produção, direção e roteiro de Adalberto Müller e Ricardo Carvalho | curta-metragem, 2008
Baseado em poemas de Manoel de Barros. Narração de Chico Sant'Anna, música de Egberto Gismonti, direção de arte de Andrey Hermuche e direção de fotografia de Kátia Coelho. Disponível em: <www.youtube.com/watch?v=0niQlFatkz4>.

Só dez por cento é mentira, direção e roteiro de Pedro Cezar | documentário, 2009
Depoimentos de Manoel de Barros, Bianca Ramoneda, Joel Pizzini, Abílio de Barros, Palmiro, Viviane Mosé, Danilinho, Fausto Wolff, Stella Barros, Martha Barros, João de Barros, Elisa Lucinda, Adriana Falcão, Paulo Gianini, Jaime Leibovicht e Salim Ramos Hassan. Produção executiva de Julio Adler e Pedro Cezar; direção de arte de Marcio Paes; música de Marcos Kuzka; direção de fotografia de Stefan Hess; figurinos de Marcio Paes, Gabriel Jopperi e Deborah Maziou; produzido pela Artezanto Eletrônico. Prêmios de Melhor documentário do II Festival Paulínia de Cinema de 2009 e Melhor Direção e Melhor Filme Documentário Longa-metragem do V Fest Cine Goiânia de 2009.

Histórias da unha do dedão do pé do fim do mundo, direção e desenhos de Evandro Salles | animação, 2009
Vídeo integrante da exposição Arte para Crianças, do Museu Vale do Rio Doce. Poemas de Manoel de Barros, roteiro de Bianca Ramoneda, música de Tim Rescala, voz de Isabela Mele Rescala, narração de Bidô Galvão, animação e direção de arte de Marcia Roth. Concepção e produção Lumen Argo e Projeto.

A língua das coisas, direção de Alan Minas | curta-metragem, 2010
Livremente inspirado na obra de Manoel de Barros e exibido em festivas de cinema do Brasil e do exterior, foi selecionado pelo programa Curta Criança do Minc e TV Brasil. Produzido pela Caraminhola Filmes.

Memórias inventadas, direção e dramaturgia de Alexandre Varella | musical poético, 2011
Textos de Manoel de Barros intercalados com relatos pessoais e canções da MPB. Com Laura Castro, Marta Nóbrega, Alexandre Varella e Thiago Magalhães. Supervisão de Cininha de Paula e direção musical de Filipe Bernardo.

Passarinho à toa, direção de Warley Goulart | peça infantil, 2011
Inspirada em poemas de Manoel de Barros e encenada pelo grupo Os Tapetes Contadores de Histórias, responsáveis também pelo roteiro da peça. Trilha sonora e direção musical do Grupo Água Viva.

Crianceiras, concepção de Márcio de Camillo e direção de Luiz André Cherubini | espetáculo cênico musical, 2012
Com o Grupo Sobrevento – Teatro de Animação. Direção musical de Márcio de Camillo, iluminuras de Martha Barros, direção de Luiz André Cherubini, produção executiva de Isabella Maggi, coprodução de Criatto Produções e Marruá Arte e Cultura. Mais informações disponíveis em: <www.crianceiras.com.br>.

Nada, direção de Adriano Guimarães, Luis Fernando Guimarães e Miwa Yanagizawa | peça teatral, 2012
Texto de Adriano e Luis Fernando Guimarães a partir de *O livro sobre nada*, de Manoel de Barros. Com Adriano Garib, Camila Mardila, Lafayette Galvão, Liliane Rovaris, Marilia Simões e Miwa Yanagizawa.

Tudo que não invento é falso, direção, coreografia e roteiro de Paula Maracajá | dança, 2013
Espetáculo inspirado em *Memórias inventadas*, de Manoel de Barros. Com Danilo D'Alma, Nina Botkay, Patricia Riess, Paula Maracajá e Renata Versiani.

Perto do rio tenho sete anos, com fotos de André Gardenberg | exposição de fotografia, 2014
Parte da mostra Maio Fotografia no MIS 2015, a série apresentou 45 fotografias inspiradas no universo de Manoel de Barros, cujos poemas ganharam vida na exposição por meio da voz do ator Pedro Paulo Rangel. Curadoria de Moura.

Índice de títulos e primeiros versos

Adoecer de nós a Natureza:	18
A lua faz silêncio para os pássaros, ...	47
Andaleço era o navio Etrúria. Se achava.	69
Ando muito completo de vazios.	39
Aos blocos semânticos dar equilíbrio. Onde o ...	19
As coisas da terra lhe davam gala.	20
As coisas não querem mais ser vistas por pessoas ...	18
As coisas que não têm nome são mais pronunciadas ...	16
As sujidades deram cor em mim.	40
Autorretrato falado	79
Bernardo é quase árvore.	73
Caçador, nos barrancos, de rãs entardecidas, ...	57
Conheço de palma os dementes de rio.	53
De 1940 a 1946 vivi em lugares decadentes onde o ...	77
De primeiro as coisas só davam aspecto	61
Descobri aos 13 anos que o que me dava prazer nas ...	63
Desinventar objetos. O pente, por exemplo. Dar ao ...	15
Dia um	27
Do que não sei o nome eu guardo as semelhanças.	33
Em casa de caramujo até o sol encarde.	19
Entra um chamejamento de luxúria em mim:	19
Escuto a cor dos peixes.	37
Espremida de garças vai a tarde.	44
Esses lagartos curimpãpãs têm índole tropical.	59
Este ermo não tem nem cachorro de noite.	45
Estou atravessando um período de árvore.	75
Eu hei de nome Apuleio.	28
Eu sei das iluminações do ovo.	31
Eu vim pra cá sem coleira, meu amo.	29
Formigas-carregadeiras entram em casa de bunda.	16
Insetos cegam meu sol.	30
Lembro um menino repetindo as tardes naquele ...	20
Lugar sem comportamento é o coração.	36
Não oblitero moscas com palavras.	35

Não tem altura o silêncio das pedras.	18
No descomeço era o verbo.	17
No Tratado das Grandezas do Ínfimo estava escrito:	16
Nuvens me cruzam de arribação.	48
O azul me descortina para o dia.	46
Ocupo muito de mim com o meu desconhecer.	21
O mundo meu é pequeno, Senhor.	51
O mundo não foi feito em alfabeto. Senão que ...	71
Ontem choveu no futuro.	27
O ocaso me ampliou para formiga.	41
O rio que fazia uma volta atrás de nossa casa era a ...	20
Para apalpar as intimidades do mundo é preciso ...	15
Para entrar em estado de árvore é preciso partir de ...	17
Passa um galho de pau movido a borboletas:	43
Pegar no espaço contiguidades verbais é o mesmo ...	18
Poesia é voar fora da asa.	19
Repetir repetir — até ficar diferente.	16
Retrato de um poste mal afincado ele era.	55
Segundo dia	35
Tenho o ombro a convite das garças.	32
Terceiro dia	43
Toda vez que encontro uma parede	65
Tudo o que se há de dizer aqui sobre capivaras, nem ...	67
Um besouro se agita no sangue do poente.	38
Um girassol se apropriou de Deus: foi em Van Gogh.	17
Venho de um Cuiabá garimpo e de ruelas entortadas.	79

1ª EDIÇÃO [2016] 8 reimpressões

ESTA OBRA FOI COMPOSTA EM MINION PRO E IMPRESSA
EM OFSETE PELA LIS GRÁFICA SOBRE PAPEL PÓLEN BOLD DA
SUZANO S.A. PARA A EDITORA SCHWARCZ EM ABRIL DE 2024

A marca FSC® é a garantia de que a madeira utilizada na fabricação do papel deste livro provém de florestas que foram gerenciadas de maneira ambientalmente correta, socialmente justa e economicamente viável, além de outras fontes de origem controlada.